Nicolae Ionescu

Bucureștiul de altădată
Bucharest of yore
Bucarest d'antan

Prefață/Preface :
Emanuel Bădescu și Iulian Voicu

ALCOR

EDIMPEX

S R L

București, 2004

Coperta I: Ateneul Român,1928
Cover 1: The Romanian Athenaeum, 1928
Couverture 1: L'Athénée Roumain, 1928.

Coperta 4: Palatul regal vechi, 1928
Cover 4: The Old Royal Palace, 1928
Couverture 4: L'ancien Palais Royal, 1928.

Coordonare: **Corina Firuţă şi Cori Simona Ion**
English version: **Agusta Caterina Grundbock**
Version française: **Micheline Noëlle Trancu-Boscoff**

ISBN 973-8160-06-5

Nicolae Ionescu

Bucureștiul de altădată
Bucharest of yore
Bucarest d'antan

Prefață/Preface:
Emanuel Bădescu și **Iulian Voicu**

Nicolae Ionescu – fotograful Bucureştilor

În viziunea lui Nicolae Ionescu, Bucureştii, cu atât de diferitele sale cartiere, se prezintă ca un conglomerat de oraşe. Deosebirile între acestea sunt atât de mari, de radicale, încât pe bună dreptate te întrebi: care dintre ele este Capitala?

Orgoliul te îndeamnă să le indici pe cele dominate de blocurile moderne înălţate pe vremea regelui Carol al II-lea[1] căci sentimentul reconfortant că aparţii prin sânge marilor naţiuni occidentale este persistent şi puternic. Pe lângă blocuri, mai vedem cinematografe înşirate conform modei apusene, reclame luminoase, limuzine elegante, curse de cai, în fine, cam tot ce ar putea bucura sufletul monden lipsit de grija zilei de mâine. La drept vorbind nu era vorba de o înrudire cu Europa, ci de un salt în timp, din punct de vedere stilistic, un salt peste Atlantic, unde aştepta pe cheiuri, americanizarea. Neputând opune arhitectural bătrânul Bucureşti Parisului, Londrei, Berlinului sau Romei, regele îşi îndemnase arhitecţii şi inginerii să importe stilul universal din Rio de Janeiro sau din Buenos Aires, dacă se poate şi câte un zgârie-nori newyorkez, măcar o imitaţie dacă solul şi pericolul seismic nu-l permiteau. Astfel, modernismul a fost pentru acest suveran o evadare din Bizanţul său interior. Dar şi ambiţia ca în viitor, oraşul său de scaun să se asemene cu trufaşele capitale europene. Totuşi, liniaritatea excesivă şi absenţa absolută a elementelor decorative conferă acestor blocuri ceva străin eredităţii europene, greu explicabil în cuvinte.

Mult mai aproape de suflet, pare oraşul început odată cu înălţarea pavilioanelor Expoziţiei Jubiliare din 1906 şi încheiat cu disparitia regelui Ferdinand[2.] Stilul dominant - neoromânesc - întoarce gândul către epoca brâncovenească[3]. Construcţiile nu au însă graţie, sunt masive, greoaie. În plus, prea seamănă între ele, fapt ce afectează dinamismul şi oboseşte privirea. Acesta trebuia să fie amprenta capitalei României Mari pe retina viitorimii?

Mergând înapoi pe firul cronologic, nimereşti peste rudimentele capitalei lui Cuza Vodă[4] ghemuite la umbra construcţiilor monumentale ridicate după proclamarea Regatului[5], în anii domniei lui Carol I, ani de occidentalizare intensivă, când puţin a lipsit ca întreg Parisul să fie reclădit pe malurile Dâmboviţei. Bucureşti "capitală europeană" sau "Micul Paris" sunt asocieri de cuvinte care vor stârni întotdeauna agitaţie într-o lume la Porţile Orientului.

---

1. *Regele Carol al II-lea a fost regele României între anii 1930-1940.*
2. *Regele Ferdinand a trăit între anii 1865-1927. Marea Unire a provinciilor româneşti a avut loc la 1 decembrie 1918, în timpul domniei sale, care a durat 13 ani.*
3. *Constantin Brâncoveanu a domnit între anii 1688-1714.*
4. *Alexandru Ioan Cuza a fost domn între anii 1859-1866.*
5. *România a devenit regat în anul 1881. Carol I a avut cea mai lungă domnie dintre conducătorii României, 48 de ani, între 1866-1914.*

Contrastele violente dintre grandios şi modest, caracteristice implementării specificului vest-european în aşezarea pitorească, văduvită din varii motive de martorii unei istorii de peste jumătate de mileniu, l-au impresionat şi pe Nicolae Ionescu. Imaginile din această perioadă sunt cele mai numeroase, fiind limpede că autorul le-a imortalizat pentru propria-i satisfacţie şi pentru desfătarea privitorului ocazional de mâine. Antiteza, uneori fină, alteori brutală, subliniază că aceste fotografii - excelente de altfel - sunt tematice, documentare şi, fărăexagerare, istorice.

Linia conducătoare spre oraşul din secolul XVIII şi chiar de dinainte, trece prin pieţe, prin Târgul Moşilor, prin mahalale. Bucureştenii care le populează sunt târgoveţi din cap până-n picioare, nărăviţi la comerţul stradal de factură balcanic-orientală, contemplativi, desculţi, analfabeţi, tocmindu-se din principiu, dar mulţumindu-se cu o para chioară. Oameni sărmani - români, evrei, muscali, ţigani - care au moştenit sărăcia din tată-n fiu şi nici nu cutezau s-o părăsească.

Nicolae Ionescu nu a descifrat numai straturile edilitare şi sociale ale Bucureştilor de până în 1940. A căutat cu ochi de pictor efecte de clarobscur, peisaje urbane, a scrutat aleile parcurilor în arşiţa verii ori în singurătatea zăpezii, s-a lăsat condus de misterul nopţii. Lucru extraordinar, imaginile transmit privitorului vibraţii, stări de spirit, dialoghează cu el, trăiesc, şi încă frenetic. Au dreptul la viaţă!

Cunoaşterea Bucureştiului interbelic ar fi imposibilă fără mărturiile fotografice lăsate de Nicolae Ionescu. O moştenire la prima vedere tributară unei selecţii subiective, fiindcă ne lipseşte de imaginile unor străzi, bulevarde şi căi cu pondere istorică, economică ori sentimentală în viaţa oraşului. Totuşi impresia creată de parcurgerea fotografiilor sale pare să ignore absenţele semnalate, privitorul suferind la nivel spiritual o transmutaţie temporală care-l face, spre marele său deliciu, contemporan cu secvenţa imortalizată. Se poate spune că acest efect este produs de revelaţia esenţialului. Aşa este, dar nu numai atât. Există acolo un mister din care izvorăşte fără contenire fiorul artistic. De fiecare dată când revenim asupra acestor imagini, descoperim detalii care ţâşnesc spre lumina perceperii cu vigoarea unor delfini şi ne întrebăm cum de ne-au scăpat privirii, ele trebuind să fi fost acolo.

Zadarnic. Nu vom afla niciodată, căci acesta este secretul artei.

Exhaustivitatea deplânsă mai sus a fost înlocuită cu un singur crâmpei, dar cât de guraliv este el, cât de sugestiv, cât de minunat reuşeşte autorul să concentreze o categorie analitică. Majoritatea acestor fotografii sunt, fiecare în parte, simboluri ale unui aspect urban, comercial, uman, calitate rară la artiştii fotografi de pretutindeni. Este suficient, de exemplu, să privim câte o fotografie luată de Nicolae Ionescu din Piaţa Unirii, de pe Calea Victoriei, de pe Cheiul Dâmboviţei sau din Târgul Moşilor, pentru a constata că zece ori o sută de alte fotografii, ale aceloraşi locuri nu, vin cu nimic nou - seamănă între ele - spre deosebire de cele ale marelui fotograf.

Ne este limpede rostul selecţiei operate de Nicolae Ionescu: numai valoarea supravieţuieşte. Pornind de la acest criteriu, apare mai mult decât necesară incursiunea biografică pentru a cerceta drumul atât de întortocheat al formării sale artistice.

Nicolae Ionescu s-a născut în prima zi de noiembrie a anului 1903 la maternitatea Filantropia. Mama sa, Rozalia Ionescu, venise din Bucovina şi se căsătorise în 1893 cu Nicolae Ionescu, tehnician la Uzina de Gaz de pe bulevardul Neatârnării. În 1900 decesul soţului a pus-o într-o situaţie deosebit de delicată: singură şi fără nici un venit, trebuind să achite terenul cumpărat pe Dealul Filaret. Norocul i-a surâs pe jumătate: a găsit un loc de muncă la Gara Filaret, dar prost plătit. Cunoştinţa cu administratorul gării, promiţătoare la început, a durat doar trei ani şi a avut drept consecinţe naşterea unui copil şi resemnarea faţă de căsătorie. Acestea au fost pe scurt circumstanţele venirii pe lume a lui Nicolae Ionescu. În acest context nu se poate vorbi de copilărie fericită, de lipsa grijilor. Chiar şi drumul până la şcoală era o corvoadă. A învăţat la şcoala EnăchiţăVăcărescu, ctitorită de Vodă Cuza în 1864 şi cunoscută sub numele de Maidanul Dulapului, drumul din strada Înclinată şi până la această instituţie situată pe Calea Şerban Vodă fiind de peste doi kilometri. Pe ploaie, pe ninsoare, parcurgea această distanţă străbătând bulevardul Neatârnării şi lunga stradă Cuţitul de Argint până în dreptul Arenelor Romane, de unde se îndrepta spre şoseaua Viilor, iar de acolo paşii lui mărunţi de copil parcurgeau strada Înclinată mai mult de jumătate din lungimea ei, până aproape de Pieptănari. După propria sa mărturisire, acest itinerar parcurs zilnic în ambele sensuri l-a învăţat să privească oraşul şi viaţa lui cotidiană. Mai târziu, trcând prin dreptul cinematografului "Odeon" - amenajat în 1913 într-o baracă - a văzut reclamele filmelor şi nu o dată s-a strecurat în sală "cu ştrengarii care mişunau pe-acolo, călcând interdicţia de a viziona filme pentru adulţi". Atât de adânc l-a impresionat "miracolul mişcării proiectate pe pânza albă" încât, cu învoirea domnului pedagog, a improvizat un cinematograf rudimentar în şopronul şcolii. Tot în acest context al educaţiei privirii nu putem trece peste câteva şanse de ordin geografic: şcoala EnăchiţăVăcărescu se învecina cu Dealul Mitropoliei, care-i putea oferi panorame, cu Piaţa Bibescu şi Halele Centrale, debordând de exotism şi care formau un oraş în inima Capitalei, cu straniile cartiere rău famate Crucea de Piatră şi Flămânzi; drumul trecea prin dreptul Uzinei de Gaz, ocolea parcul Expoziţiei jubiliare prin dreptul Gării Filaret şi al uzinelor Wolff; străbătea mizerul cartier al ceferiştilor dintre Şoseaua Viilor şi Pieptănari, oferindu-i la rândul său o gamă tipologică extrem de variată. Am insistat asupra acestei perioade întrucât formarea estetică, fie şi sub forma necontrolată proprie copilăriei, are un rol esenţial, de temelie şi raportare inconştientă, în anii de exprimare a talentului. Mai ales în situaţia unei pregătiri autodidacte, cazul fotografului nostru.

Izbucnirea primului război mondial l-a împiedicat pe elevul Nicolae Ionescu să facă pasul care urma în ordinea firească, înscrierea la liceu. Mizeriile ocupaţiei germano-bulgare sugrumaseră orice sursă de prosperitate. A fost obligat să se întreţină singur, angajându-se ucenic la tipografia "Fortuna". Singura bucurie a constituit-o cumpărarea unui aparat fotografic, în rest dezastru pe toată linia. "Iarna celui de al doilea an de război, cu geruri şi zăpezi mari, a fost un adevărat coşmar. Nici acasă nu aveam lemne şi nici la atelier. La atelier ne îngheţau mâinile pe vingalac, iar litera se lipea de piele când o culegeam. Acasă, biata mama mergea la lucru cu ziua şi numai când găsea un om milostiv, venea cu câte două-trei bucăţi de lemne; şi acelea constituiau căldura noastră... În tot timpul citeam foarte mult. Din cei 30 de bani pe care mi-i dădea mama, învăţasem să mănânc numai cu 15 (5 bani resturi de mezeluri şi 10 bani pâine), iar cu restul de 15 bani cumpăram numere vechi din "Biblioteca pentru toţi". Precum se vede banii câştigaţi îi dădea în casă, contabilitatea lor revenindu-i mamei.

Fără îndoială şi aceste timpuri grele au contribuit la reliefarea omului de mai târziu: abnegaţia, voluntarismul, altruismul au fost coordonatele caracterului său şi expresiei acestuia, conduita în societate. În 1918 a ajuns zeţar. Îndrumător i-a fost Dimitrie Demetrian, unul dintre specialiştii eminenţi care se perfecţionase în Germania, la Frankfurt, Dresda şi Leipzig. "Mă lua la el acasă duminicele şi, cu o bunăvoinţă de părinte, îmi punea la dispoziţie colecţii de ani întregi ale revistelor de specialitate germane, franceze şi mai ales elveţiene. Aceasta a constituit baza pe care am adunat apoi toate celelalte cunoştinţe tehnice ale mele". La sugestia maestrului, va tatona noi locuri de muncă mai bine dotate tehnic şi mai bine plătite. Găseşte în 1921 un post la "Minerva", tipografia Ordinului Masonic Român, implicată profund, prin muncitorii săi, în evenimentele de sorginte bolşevică din 13 decembrie 1918. Fiind singurul român din atelier şi neînţelegând idiş, o părăseşte în primăvara anului 1922. Obţine pe baza recomandării lui Demetrian, un post la "Cultura Naţională", cea mai modernă tipografie din sud-estul Europei, construită de Aristide Blank pe Calea Şerban Vodă. În acest fief liberal va cunoaşte, printre alţii, pe Vasile Pârvan, I. G. Duca, Eugen Lovinescu, dr. C. Angelescu, corifei ai vieţii politice şi culturale româneşti, care supravegheau personal tipărirea cărţilor. Discuţiile avute cu ei l-au determinat să se înscrie în toamna anului 1922 la liceul "Sf.Sava", la cursurile serale, pe care le va absolvi după doi ani. Se simte tot mai atras de fotografie: "aveam un manual german de fotografie şi fotografia era acum marea mea pasiune". Din motive uşor de înţeles, învaţă limbile franceză şi germană, pe care le va stăpâni foarte bine. Numit şef de echipă, l-a cunoscut pe Simion Mehedinţi, care l-a angajat în iarna lui 1922-1923 la "Convorbiri Literare", pentru a da o nouă înfăţişare revistei. Se pare că ideile nu i-au fost acceptate, fiindcă s-a reîntors la "Cultura Naţională" după mai puţin de trei luni.

În primăvara lui 1925 a plecat în armată. Aici va avea ocazia de a profesa în domeniul fotografiei. "Din mai 1925 şi până în toamnă, am lucrat numai fotografii militare cu un aparat personal, primul aparat de mare clasă pe care izbutisem să mi-l cumpăr. La înapoiere în Bucureşti, am început să fac acasă încercări pentru a obţine fotografii în culori pe cale mecanică. Încercările mele au dat oarecari rezultate, dar reveneau prea scump".

Pe de altăparte, îi încolţise o idee: "Începând cu anul 1927, în fiecare vară am colindat ţara pentru a-i fotografia metodic cele mai reprezentative colţuri, adunând clişee pentru organizarea unui muzeu de fotografii". Muzeul de fotografii: o idee pe cât de originală pe atât de lipsită de şansă. Ca întotdeauna şi pretutindeni pentru a realiza ceva, mai ales ceva generos, este nevoie de bani. Ori, tocmai banii îi lipseau lui Nicolae Ionescu. Proiectul nu putea fi realizat peste noapte, cum şi-ar fi dorit. Nu ar fi respectat nici prima condiţie care se pretinde unui muzeu: calitatea. Precum se vede, era un proiect izvorât din entuziasmul tinereţii. Însă artistul nu a renunţat la el; cu timpul a înţeles ce era utopic dar şi ce era realizabil la proiectul său - adică răbdare, perfecţionare, educaţie estetică, selecţie.

Odată cu perfecţionarea în tehnica fotografiei, simte că pentru a accede la arta fotografică, ar fi bine să reia în modul cel mai serios studierea celei de a şaptea arte: " progresele mari realizate în fotografie m-au determinat să mă ocup şi de cinematograf". Bănuim că a realizat câteva filme, existente probabil şi astăzi, cu menţiunea "autor necunoscut", în Arhiva Naţională de Filme. Cel puţin un documentar despre Bucureşti, vizionat pe micul ecran, poartă - după opinia noastră - amprenta inconfundabilă a lui Nicolae Ionescu.

În acest an, 1928, dedicat marilor pasiuni, face marele pas: se căsătoreşte. Drumul i s-a încrucişat de câteva ori cu o vecină, Constanţa, fiica unui pensionar ceferist. Ea îi va fi soţie şi firea ei veselă îi va însori numeroasele clipe de restrişte, cum au fost cele din perioada comunistă.

"Din dota nevestii mi-am cumpărat aparate perfecţionate, mi-am instalat laborator cu electricitate şi alte îmbunătăţiri". Experienţele îl vor îndrepta spre tradiţionala călătorie de studii în străinătate. Era convins că mai are multe de învăţat... Amară decepţie: " am lucrat o vreme - cam două luni - la Lyon, la Uzinele Lumières, dar mi-am dat seama că-mi pierd timpul şi am trecut la Paris. Aici, printr-un compatriot, am fost prezentat la Pathé Nathan. Angajat ca operator asistent, am fost pus la diverse treburi mărunte în aşteptarea unor minuni mai importante. După patru luni, văzând acalmia care domnea în studio m-am hotărât să mă înapoiez în ţară şi să mă consacru muzeului, a cărui realizare mă muncea tot mai mult".

S-a reangajat la "Cultura Naţională" nu înainte de a-i fi acceptată condiţia ca două luni pe vară să fie liber, ca "să-mi văd de fotografiat". Însă existenţa se complicase enorm. "Eu eram singurul revizor şi mai tot timpul eram obligat să lucrez în două echipe. Pe de altă parte, aveam nevoie de material fotografic şi trebuia să lucrez fotografii pentru librăriile din oraş, aşa că de multe ori mă culcam pe la 3-4 dimineaţa, iar la 7 eram la servici!". În plus, banii câştigaţi cu atâtea sacrificii erau reinvestiţi în material fotografic, "pentru a grăbi realizarea muzeului".

Cinci decenii mai târziu, doamna Constanţa Ionescu rememora pentru noi, cu zâmbetul pe buze, acei ani de eroism când existenţa soţului ei devenise aproape imperceptibilă pentru ea. Mai erau cele două luni de concediu, deşi nu au fost scutite de surprize neplăcute pentru o soţie care pretindea puţină atenţie. Obsesia muzeului se cronicizase. Dar, în aceeaşi măsură evoluase şi înţelepciunea. Înainte de concretizarea muzeului, Nicolae Ionescu a pus în 1937 bazele unei colecţii - Enciclopedia Fotografică Română. Această colecţie de propagandă a frumuseţilor româneşti, gândită, desigur, tematic, avea şi alt scop, anume să testeze gustul publicului. Şi nu numai. Numele său trebuia să capete notorietate, pentru ca muzeul să aibă cât mai mulţi vizitatori. Iată că zbuciumul artistului descoperă cheia miraculoasă a consacrării, a celei administrative, desigur. Trăia în Bucureşti, nu la Paris. În primăvara anului 1934, Eugen Lovinescu, unul dintre cei patru români numiţi la 23 ianuarie 1937 în Consiliul de administraţie al Societăţii "Adevărul", i-a propus vechiului său prieten de la "Cultura Naţională" - autor preţuit de librari - funcţia de director tehnic. Societatea smulsă din ghearele familiei Pauker, încăpuse pe mâinile lui Emanoil Tătărescu, fratele Preşedintelui de Consiliu, deci politica ei urma să fie liberală şi naţională. Nicolae Ionescu era omul cel mai potrivit pentru a administra pe această linie; cunoştea ca puţini alţii suferinţele şi aspiraţiile naţiunii din sânul căreia provenea. Aşa cum mărturisea doamna Ionescu, soţul ei "a zădărnicit toate acţiunile de sabotaj puse la cale de numeroşii lucrători comunişti, moşteniţi de la administraţia precedentă, aflată la discreţia familiei Pauker". Îşi făcea datoria fiindcă aşa îi dicta conştiinţa, dar nu trebuie neglijat nici interesul personal.

Speranţele de prosperitate s-au materializat rapid. În vara anului 1938 şi-a construit o casă"pe terenul mamei". Avea un salariu lunar de 11.000 (un ou costa 1 leu). Va rămâne în această funcţie până în noiembrie 1940, când a fost retrogradat de "legionarii roşii" ai lui Horia Sima. Motivul? O minciună grosolană: "Întrucât ai colaborat cu jidanii, dumneata nu mai poţi ocupa funcţia de administrator şi vei rămâne să vezi numai de Tiefdruck". Nu colaborase, fusese doar corect, însă cu acei indivizi nu se putea discuta. Un om care cultivase cercurile tătărăscane, cum a fost Nicolae Ionescu, nu putea să scape de vigilenţa lor.

În aprilie 1945 a fondat editura "Enciclopedia Fotografică Română", care a publicat 67 de titluri. Încă mai visa ca din banii obţinuţi din vânzarea cărţilor să realizeze muzeul fotografic. Dar, prin 1947, constată că din motive oculte "munca la editură s-a încetinit". Nu era un naiv: "Pricepusem cam târziu ceea ce ar fi trebuit săînţeleg mai curând şi am început să lichidez editura". Se instaura puterea comunistă...

Confruntat cu o realitate impusă din afară cu tancul şi mitraliera, Nicolae Ionescu se recunoştea învins. Clădirea mentală a muzeului, pentru care îşi sacrificase cei mai frumoşi ani ai vieţii, se năruia şi ea. Devenea un proletar care trăieşte de azi pe mâine. Au existat şi câteva licăriri de speranţă. Prima, în februarie 1948 când, - îşi amintea el - "am fost reangajat la Dacia Traiană (fostă Adevărul, s.n.) în calitate de administrator şi tehnician al revistei "Realitatea", apoi şi al "Stadionului". A doua la finele anului 1948, când a fost numit profesor la "Şcoala tehnică de arte grafice" de pe strada Anton Pann. În ambele cazuri a devenit victima mitomanilor care întocmeau dosarele politice. Ca atâţia şi atâţia români era învinuit de a fi fost "fascist" şi "mare mâncător de evrei". A făcut cunoştinţă cu zbirii lui Pantiuşa care-l anchetau neobosiţi, în vila din Calea Plevnei colţ cu strada Constantin Noica, intrată în istorie sub numele de Malmaison, deşi nu trebuie confundată cu vechea cazarmă. Acasă: percheziţii, confiscări, distrugeri de bunuri materiale. Era român, creştin, intelectual, adică tot ce putea fi mai grav în anii '50. Nici nu i se mai spunea pe nume, ci "bandit tătărăscan". Mai mult, în răstimpul dintre anchete era pus să lucreze la fotografii ce glorificau construcţia socialismului, la "Acualitatea în imagini". Era un mod de a-l umili, de a-l educa în noul spirit. A fost de câteva ori la un pas de condamnare. L-a salvat mai puţin "originea sănătoasă" - erau condamnaţi cu zecile de mii, alţii cu o origine la fel de sănătoasă - cât prietenia cu unii evrei care rămăseseră oameni. Va lucra la diverse edituri şi la revista "Flacăra", iar între anii 1956-1962 ca fotograf la Institutul de Istoria Artei, angajat de profesorul George Oprescu, marele prieten al lui Vasile Pârvan şi al lui Eugen Lovinescu.

După pensionare, Nicolae Ionescu se va îngriji să transfere o parte din materialul fotografic, la Cabinetul de Stampe al Bibliotecii Academiei Române. Cu timpul a devenit un om al locului. Venea des şi întotdeauna încărcat de minunăţii care, sublinia istoricul de artă Remus Niculescu, îi asigurau "un loc în succesiunea marelui Szathmari".

Într-o bună zi, în 1974, prezenţa sa agreabilă şi sacul cu surprize au dispărut.
Au dispărut ca să renască artistul.

Nicolae Ionescu – the Photographer of Bucharest

In Nicolae Ionescu's outlook, Bucharest, with its highly different districts, appears as a conglomerate of towns. The distinctions among them are so big, so radical, that one can wonder with good reason: "after all, which of them is actually the Capital city?"

Pride is apt to prompt one to point out those which are overlooked by the modern apartment buildings, erected at the time of king Carol II[1], as the reassuring feeling, of belonging by blood to the great western nations, is both persistent and strong. Besides apartment buildings, we also see movie houses, aligned according to western fashion, light signs, ads, gorgeous limousines, horse racing, well almost everything of a nature to gratify the carefree fashionable eye and soul. As a matter of fact, this was not a question of kinship to Europe but rather of a leap in time, stylistically speaking, a leap taken across the Atlantic, where Americanization was lying in wait on the landing stages. As he was not in a position to challenge architecturally Paris, London, Berlin or Rome, with old Bucharest, the king had urged his architects and engineers to import the universal style from Rio de Janeiro or Buenos Aires, and if possible one or two New Yorkese sky-scrapers, or at least an imitation thereof as the seismic danger did not allow more. Thus modernism meant to this monarch, an escape from his inner Byzantium. But likewise the ambition, that his seat should bear alikeness to the stately European capitals. However, the excessive linearity and the utter absence of decorative elements, lend to these buildings a touch alien to European heredity, which is almost unaccountable in words.

Much closer to the soul, appears the city begun simultaneously with the erection of the pavilions of the Jubilean Exhibition of 1906, and concluded right after the death of king Ferdinand.[2] The prevailing style - neo-Romanian - is reminiscent of the Brancovan epoch.[3] But the buildings are devoid of grace, they are bulky, heavy. Moreover they are much too similar to one another, a fact which impairs dynamism and bores one's sight. Was this meant to become the touch of the capital city of Great Romania, in the eyes of the generations to come?!

Retracing the chronological course, one runs into the vestiges of the capital-city of Ruling-prince Cuza[4], huddled in the shade of the monumental buildings,

1. King Carol II was king of Romania, over 1930-1940
2. King Ferdinand lived over 1865-1927. The Great Union of the Romanian provinces took place on December 1, 1918, during his reign, which lasted for 13 years.
3. Constantin Brâncoveanu ruled over 1688-1714
4. Alexandru Ioan Cuza was ruling-prince over 1859-1866
5. Romania became a kingdom in 1881. Carol I had the longest reign from all Romania's rulers, 48 years, over 1866-1914

erected after the proclamation of the Kingdom[5], during the years of the reign of Carol I, an epoch of strong Occidentalization, when so to speak, the whole of Paris was on the point of being rebuilt on the banks of the Dâmbovița river. Bucharest, "a European capital" or "Small Paris" are phrases, apt to stir agitation in a world placed at the Gates of the East.

The violent contrasts between grandiosity and modesty, characteristic of the implementation of west European specificality into the picturesque settlement, bereft for countless reasons of the testimonies of a more than 500 years old history, impressed Nicolae Ionescu. The pictures from this period are the most numerous ones, which clearly proves the fact that the author captured them for his own satisfaction as well as for the delight of the occasional beholder of the days to come. The antithesis, at times subtle, while at other ones downright brutal, underscores that these photographs - excellent, as a matter of fact - are thematic, documentary and, without any exaggeration, historical.

The thread, so to speak leading towards the town from the 18th century and even prior to it crosses markets, the "Moșilor" Traditional Fair, the suburbs. The Bucharesters, crowding them, are ingrained peddlers, keen on offering their merchandise for sale along the streets, with a Balkanic-Easternly hallmark, contemplative, barefooted, illiterate, bargaining on principle but being content with a farthing. Poor people, Romanians, Jews, Lippovan Russians, Gypsies - who had inherited poverty from father to son and did not even dare to forsake it.

Nicolae Ionescu decoded not only the urbanistic and social strata of Bucharest down to 1940. He sought out, with a painter's eye, effects of chiaroscuro, cityscapes, he scrutinized the dark alleys of the parks, in the scorching heat of summer or in the solitude of snow, he followed the call of the mystery of night. The extraordinary thing is the fact that images convey to the beholder vibrations, frames of mind, dialogize with him, they do actually live and moreover frenetically. They do have a life of their own!

To become acquainted with interbella Bucharest would be impossible in the absence of the photographic testimonies, handed down by Nicolae Ionescu. A legacy at first sight tributary to a subjective selection, because it deprives one of the images of certain streets, boulevards and thoroughfares of a major historical, economic or sentimental importance in the existence of the city. Nevertheless the impression created after examining his photographs seems to ignore the mentioned absentees, the viewer undergoing, on a spiritual level, a temporal transmutation, which - to his great delight - makes him a contemporary of the immortalized sequence. We might state that this effect is caused by the revelation of essentiality. That is true indeed but there is something more than that.

13

Each time we examine again these images, we discover some details, which are gushing out to the light of perception, with the vigor of some dolphins and we keep wondering how on earth, we could have overlooked them, as they had positively been there. To no purpose nevertheless! We will never find it out, as this is the very secret of art.

The exhaustiveness deplored previously, was replaced by a single fragment, but how garrulous it is, how suggestive and how marvelously did the author succeed in epitomizing an analytic category. The major part of these photographs is each individually a symbol of an urban, commercial, human aspect, a rare quality amongst art photographers throughout the world. For example, it suffices to look at one photo each captured by Nicolae Ionescu in Union Square, along Calea Victoriei, the embankment of the Dâmboviţa river or at the traditional "Moşilor" fair, and realize that a dozen or a hundred other photographs of the same places, taken by others, do not bring along anything new - that they are very much alike to one another - in contradistinction to those made by the great photographer.

The reason of the selection operated by Nicolae Ionescu is quite obvious - value alone does survive. Setting out from this criterion, a biographical incursion appears more than necessary, in order to enable a research of the extremely winding path covered by him in outlining his artistic excellence.

Nicolae Ionescu was born on the first day of November 1903, in the "Filantropia" maternity hospital. His mother, Rozalia Ionescu, had come from the Bukovina and married, in 1893, Nicolae Ionescu, a technician in the Gasworks, from Neatârnării Boulevard. In 1900, her husband's death plunged her into a desperate situation. All alone, without any income she was supposed to pay off the site for their house, bought on the Filaret hill. Good luck seemed to have come up halfway: she found a poorly paid job at the Filaret Railway-station. Her relationship with the caretaker of the station which initially seemed very promising lasted for barely three years and ended in the birth of a child and her giving up the hope of marriage. Briefly, these were the circumstances of Nicolae Ionescu's coming into existence. Within this context obviously there was no question of a happy, carefree childhood. Even going to school was a corvée. He attended the "Enăchiţă Văcărescu" school, founded in 1864 by ruling-prince Cuza, also referred to as "Maidanul Dulapului" (The Ground of the Wardrobe). The itinerary from Inclinată Street to this educational establishment, located on Calea Şerban Vodă, was more than two kilometers long. In the rain, in the snow, he covered this considerable distance, crossing Neatârnării Boulevard and the long Cuţitul de Argint street, up to the Roman Arenas, where-from he made for Viilor Street and from there, his small child's steps covered almost half the length of Inclinată street up to the Pieptănari neighborhood. According to his own confession, this itinerary, made daily both ways, taught him how to look at the city and its daily existence. Later on while passing in front of the "Odeon" cinema - set up in a booth in 1913 - he noticed the advertising posters of the films, and quite frequently stealthily entered the movie house, "together with the scapegraces, who crowded the place, violating the interdiction of viewing motion pictures meant "for adults only". He was so deeply impressed with the miracle of motion pictures projected on the white canvas, that with the permission of the school instructor, he improvised a rudimentary cinema, in the school shed. Likewise within this context of the education of sight, one should not overlook several opportunities of a geographic nature: the "Enăchiță Văcărescu" school stood near the Hill of the Metropolitan Cathedral, which could provide him with panoramic views over the Bibescu Square and the Central Market Halls, overbrimming with exoticism, and which constituted a city in itself at the very core (of the Capital, with the notoriously unfavorably renowned neighborhoods of "Crucea de Piatră" and "Flămânzi". His itinerary included the Gasworks, made a détour of the park of the Jubilean Exhibition, along the side of the Filaret Railway station and of the Wolff plant. It crossed the squalid district of the railway men, stretching from Viilor Street to the Pieptănari neighborhood providing, him with an extremely varied typological range. We insisted upon this period, because the formation of the aesthetical background, even under an uncontrolled form, characteristic of childhood, results in a fundamental essential role and an unconscious relation in the course of the forthcoming years of the expression of talent. The more so, in the case of a self-taught background, which was the case of our photographer. The outbreak of WW1 prevented pupil Nicolae Ionescu to take the following step, that is enrolling for the lycée courses. The miseries of German-Bulgarian occupation had stifled any source of prosperity. He was obliged to support himself, becoming apprenticed to the "Fortuna" printing-house. His only joy consisted in buying a camera. In other respects, utter disaster. "The winter of the second year of the war, with big frosts and snows, was a real nightmare. We had no firewood, both at home and in the workshop. In the workshop our hands froze on the composite stick, and the letters got stuck on our finger, while setting the type. Back home was mother who went out to work as an occasional cleaning woman and only when she found a charitable person, did she return with two or three pieces of firewood, which were our exclusive sources of heating the place... All along this time, I read very much. From the 30 bani, which mother used to give me, I learned how to spend only 15 on food (5 bani on scraps of sausages and 10

15

bani for bread) while on the rest I bought second-hand copies of the collection "Biblioteca pentru toţi" (Everyman's Library). As it clearly results, the little money he earned, he handed over to support the family, the "keeping of the books" devolving on his mother.

It goes without saying that these hard times also made their contribution to the formation of the man he was to become: abnegation, willpower, selflessness were the coordinates of his character and the latter's expression, his conduct in society. In 1918 he became a typesetter. His guide had been Dimitrie Demetrian, one of the outstanding experts, who had improved his know-how in Germany, in the cities of Frankfort, Dresden and Leipzig. "On Sundays, he used to take me, with a father's kindness, to his home, where he gave me the opportunity to examine years-old collections of German, French and especially Swiss magazines of profile. This constituted the foundation, on which I amassed all my further technical pieces of knowledge". At his mentor's suggestion, he set out exploring for new jobs, both better equipped technically and better paid. In 1921, he found a position at "Minerva", the printing-house of the Romanian Masonic Lodge, deeply involved, through its workers, in the events of Bolshevik origin, on December 13, 1918. As he was the only Romanian in the workshop and did not understand Yiddish, he quit the job, in the spring of 1922. Upon Demetrian's recommendation, he got a job at "Cultura Naţională" the most up-to-date printing-house in South-East Europe, built by Aristide Blank in Calea Şerban Vodă. In this liberal fief he became acquainted among others, with Vasile Pârvan, I.G. Duca, Eugen Lovinescu, dr. C. Angelescu, outstanding leaders of Romanian political and cultural life, who superintended personally - the printing of their books. His talks with them prompted him to enroll at the evening courses of the "St. Sava" lycée, which he graduated within two years. He felt an increasing attraction for photography. "I had a German photography handbook and photography was now my great hobby". For reasons easy to comprehend he learned French and German, which he soon came to master. Promoted foreman, he became acquainted with Simion Mehedinţi, who employed him over the winter of 1922-1923, in order to lend a new graphical look to the "Convorbiri Literare" magazine. It seems that his ideas were not accepted, because he returned to "Cultura Naţională", within less than three months.

In the spring of 1925 he left to serve in the army. Here he had an opportunity to profess in the field of photography. "Beginning with May 1925 till autumn, I made exclusively military photographs, with my own camera, a high class one, which I had managed to buy. When I returned to Bucharest, I started research work at home, with a view to obtain color photos, by mechanical devices. My attempts led to some results but turned out much too expensive." On the other hand, another idea arose in his mind. "Beginning with 1927, each summer, I travelled across the country, in order to photograph methodically the most representative spots, collecting negatives for the organization of a museum of photographs." A museum of photographs: an equally original but chanceless idea. As always and everywhere, in order to achieve something, particularly something generous, one needs money. Or precisely what Nicolae Ionescu did not have was money. The project could not be implemented overnight, as he had wished. It could not have observed even the first condition required from a museum: quality. As one can easily realize this was a plan sprung forth from the enthusiasm of youthfulness. However, the artist did not give it up. In time, he came to understand what was utopian but also what was feasible in his project - that is endurance, improvement, aesthetic education, selection.

Simultaneously with reaching higher standards in photographic technique, he felt that in order to succeed in photographic art, he was supposed to take up again most thoroughly the study of cinema. "The huge progress reached in photography prompted me to approach film, too." We presume that he made a number of motion pictures, most likely still in existence bearing the label "author unknown", in the National Film Archives. At least one documentary film on Bucharest, I viewed on television, bears the unmistakable touch of Nicolae Ionescu.

During this very year 1928, devoted to his great passion, he took the decisive step of marriage. His path had crossed several times that of a girl living in his neighborhood, Constanța, the daughter of a retired railwayman. She became his wife and her cheerful nature was to brighten up his countless moments of distress, such as those from the communist period.

"From my wife's dowry, I bought high fidelity cameras and equipped a lab with electricity as well as with other facilities." His experiments were to direct him to take the traditional study trip abroad. He was convinced that he had still much to learn... A bitter disappointment followed however. "For some time - about two months - I worked in Lyon, in the Lumière Studio Labs, but I soon came to realize that it was a waste of time. So I left for Paris. Here, through a fellow countryman, I was introduced to Pathé Nathan. Hired as an assistant cameraman, I was employed in various minor jobs, in expectation of some really major ventures. After four months, realizing the apathy which reigned over the studio I decided to return to this country, and devote myself to the museum, whose setting up came to haunt me increasingly."

He renewed his employment at "Cultura Națională" but not before setting the condition to be free in summer for two months, "so as to mind my own business, taking photographs." However life had turned enormously complicated. "I was the only reviser and had to work through two shifts consecutively almost all the time. On the other hand, I needed photographic material and I had to make photos for the bookshops in the city, so that I frequently went to bed at 3 or 4 o'clock A.M. and at 7 A.M. I was back at work!" Moreover, the money earned at the price of such sacrifices, was reinvested into photographic material, "in order to hasten the setting-up of the museum."

Five decades later, with the shade of a smile on her lips, Mrs. Constanţa Ionescu called forth those years of heroism, when her husband's presence had become almost imperceptible to her. Those two months of holidays still existed, though not exempted from unpleasant surprises, to a wife demanding a little bit of attention for herself. The obsession of the museum had become a chronic one. But wisdom had developed accordingly. Prior to the materialization of the museum, Nicolae Ionescu had set up the foundations to a collection - The Romanian Photographic Encyclopedia - in 1937. This promotional collection of Romanian sights, of course conceived thematically, simultaneously had a further target, and namely to test the public's taste. And something in addition, too. His name was supposed to gain notoriety, so that the future museum should have a large number of visitors. This was how the artist's hard struggle found the miraculous key leading to assertion, to an administrative one of course. He lived in Bucharest, not in Paris. In the spring of 1934, Eugen Lovinescu, one of the four Romanians appointed on January 23, 1937, on the Board of Directors of the "Adevărul" Company, offered his one-time friend from "Cultura Naţională" - an author highly valued by the book-shop owners - the office of a technical manager. The company, freed from the claws of the Pauker family, was headed by Emanoil Tătărescu, the brother of the Chairman of the Board, consequently its policy was meant to be liberal and national. Nicolae Ionescu was the right man to be an administrator along this line; he knew better than anyone else the sufferings and aspirations of the nation, he came from. As Mrs. Ionescu later confessed, her husband had baffled all the sabotage actions prepared by the numerous communist workers, inherited from the previous administration, which was still at the beck and call of the Pauker family." He was merely discharging his duty, as his conscience demanded him. However, personal matters were not to be neglected either.

His hopes for prosperity materialized rapidly. In the summer of 1938, he built a house, on his mother's site. His monthly wages amounted to 11,000 lei (an egg cost 1 leu). He was to hold this office till November 1940, when he was demoted, by Horia Sima's "red Iron-Guardists". The reason thereof? A gross lie. "As you had collaborated with the "Yids", you can no longer hold the office of a manager and shall solely supervise mezzotint operations". He had not collaborated, all he had done was do his work properly. But it was out of the question to discuss with such individuals. A man who had cultivated the circle of Tătărescu, and this was the case of Nicolae Ionescu, could not elude their vigilance.

In April 1945 he set up the "Romanian Photographic Encyclopedia" publishing house, which brought out 67 titles. He was still cherishing the dream of setting up the museum, out of the money obtained by selling the books. But around 1947, he found out that for some occult reasons the activity at the publishing house had slowed down." He was not a naïve man: "I understood rather too late, that which I should have comprehended earlier and I began going in liquidation with the publishing-house. Communist power had been set up..."

Confronted with a reality, imposed from outside, with tanks and machine-guns, Nicolae Ionescu felt utterly defeated. The mental edifice of the museum, for which he had sacrificed the finest years of his life, was also collapsing. He was becoming a proletarian, who lived from hand to mouth. There also existed a few rays of hope. The first one, in February 1948, when as he reminisced: "I was employed again at "Dacia Traiană" (the former "Adevărul") as administrator and technician of the magazine "Realitatea" and subsequently of the "Stadionul". The second one, at the end of 1948, when he was appointed a teacher at the "Technical School of Graphic Arts", in Anton Pann street. In both cases he fell a prey to the mythomaniacs, who were drawing up the political files. The same as countless other Romanians he was accused of having been a fascist and a "great hater of Jews". He made the acquaintance of Pantiuşa's sbirri, who tirelessly interrogated him in the villa from Calea Plevnei at the corner with Constantin Noica Street, which came to be referred to as "Malmaison", though it should not be mixed up with the old barracks. At home: house - searchings, seizures, destructions of material goods. He was a Romanian, a Christian, an intellectual, that is the worst possible thing in the Fifties. He was no longer addressed to by his real name but as "Tatărescu's bandit". Moreover during the breaks (between the cross-examinations) he was forced to make photographs, which glorified the building of socialism, for "Actualitatea în imagini" (Present-day Reality in Images). It was a way of humiliating him, of educating him in the new spirit. He was several times barely at one step from being sentenced to prison. He was rescued less by his "healthy social extraction" - tens of thousands of people of an equally "healthy" social extraction had been sentenced - but rather by his friendship with some kind-hearted Jews. He subsequently worked at different publishing-houses and at the "Flacăra" magazine, while over 1956-1962, as a photographer of the Institute of Art History, employed by professor George Oprescu, the great friend of Vasile Pârvan and Eugen Lovinescu.

After his retirement, Nicolae Ionescu attended to the transfer of part of his photographic material to the Cabinet of Prints from the Library of the Romanian Academy. In time he turned into a very familiar face of the place. He frequently came and always bringing along some wondrous things, which as pointed out by art historian Remus Niculescu, secured him "a place in the succession of the great Szathmari".

One day, in 1974, his pleasing presence and the sack with surprises disappeared. **They disappeared so that the artist should be born again.**

Nicolae Ionescu – Le photographe de Bucarest

Dans la conception de Nicolae Ionescu, Bucarest, avec ses si différents quartiers, se présente comme une agglomération de villes. Les différences entre celles-ci sont si importantes, si radicales, qu'à vrai dire tu te demandes : lesquelles d'entre elles est la Capitale ?

L'orgueil te conseille d'indiquer celles dominées par les immeubles modernes élevés pendant le règne du roi Charles II[1], car le sentiment reconfortant qu'on appartient par le sang aux grandes nations occidentales est persistant et puissant. Autour des immeubles on voit des cinémas alignés conformément à la mode occidentale, des enseignes lumineuses, des limousines élégantes, des courses de chevaux, enfin, tout ce qui pourrait réjouir l'âme mondain qui lui manque le souci du pain quotidien. À vrai dire il ne s'agissait pas d'une alliance avec l'Europe, mais d'un saut dans le temps, concernant le style, un saut outre l'Atlantique, où le phénomène d'américanisation attendait sur les quais. Ne pouvant pas opposer du point de vue architectural la vieille ville de Bucarest à celle de Paris, Londres, Berlin ou Rome, le roi avait incité les architectes et les ingénieurs d'importer le style universel de Rio de Janeiro ou de Buenos Aires, si cela s'impose aussi un gratte-ciel new-yorkais, au moins une imitation si le sol et le danger séismique ne le permettaient pas. C'est ainsi, que la modernisation a représenté pour ce souverain une évadation de l'intérieur du Byzance. Mais aussi l'ambition qu'à l'avenir, sa ville de résidence ressemble aux majestueuses capitales européennes. Tout de même, l'alignement excessif et l'absence absolue des éléments décoratifs confèrent à ces immeubles quelque chose d'étrange à l'hérédité européenne, difficile à expliquer.

Beaucoup plus proche de l'âme, semble la ville commencée en même temps que la construction des pavillons de l'Exposition Jubilaire de 1906 et achevée à la disparition du roi Ferdinand[2]. Le style dominant - néoroumain - nous fait penser à l'époque de Brâncoveanu[3]. Mais les constructions n'ont pas d'élégance, sont massives, lourdes. En plus, elles se ressemblent trop, ce qui empêche le dynamisme et fatigue le regard. Cela devait représenter l'empreinte de la capitale de la Grande Roumanie dans l'avenir ?

En passant à reculons sur le fil chronologique, tu atteins les rudiments de la

---

1. *Le roi Charles II a été le roi de la Roumanie entre 1930-1940.*
2. *Le roi Ferdinand a vécu entre les années 1865-1927. La Grande Unification des provinces roumaines a eu lieu le 1-er décembre 1918, pendant son règne, qui a duré 13 ans.*
3. *Constantin Brâncoveanu a régné pendant les années 1688-1714.*
4. *Alexandru Ioan Cuza a régné pendant les années 1859-1866.*
5. *La Roumanie est devenue royaume en 1881. Charles I-er a eu la plus longue période de règne parmi les dirigeants de la Roumanie, 48 ans, entre 1866-1914.*

capitale de Cuza Voda[4] blottis à l'ombre des constructions monumentales élevées après la proclamation du Royaume[5], à l'époque du Charles I-er, années d'occidentalisation intensive, lorsqu'il a peu manqué pour que tout Paris soit reconstruit aux bords du Danube. Bucarest "capitale européenne" ou "Le Petit Paris" sont des associations de mots qui vont toujours déclencher une agitation dans un monde aux Portes de l'Orient.

Les contrastes violents entre le grandieux et le modeste, caractéristiques à l'introduction du spécifique ouest-européen dans l'habitat pittoresque, détérioré pour des raisons différentes par les témoins d'une histoire qui date de plus d'un millénaire, ont aussi impressionné Nicolae Ionescu. Les images de cette période sont les plus nombreuses, étant très clair que l'auteur les a immortalisées pour sa propre satisfaction et pour délecter le spectateur occasionnel de demain. L'antithèze, parfois subtile, autrefois brutale, souligne que ces photos - d'ailleures excellentes - sont conformes à un thème, documentaires et, sans éxagération, historiques.

La ligne directrice vers la ville du XVIII-ème siècle et même d'auparavant, passe à travers les marchés, la Foire, les quartiers. Les habitants de Bucarest qui les peuplent sont des marchands de tête à pied, acharnés au commerce de la rue à caractère balcanique-oriental, contemplatifs, pieds-nus, illettrés, en marchandant par principe, mais se contentant de trois fois rien. Des gens pauvres - roumains, juifs, russes, jitans - qui ont hérité la pauvreté de père en fils et n'osaient même pas se débarasser d'elle.

Nicolae Ionescu n'a pas déchiffré que les couches édilitaires et sociales de Bucarest jusqu'en 1940. Il a cherché avec l'oeil de peintre des effets du clair-obscur, des paysages urbains, a examiné les allées des parcs dans le soleil brûlant de l'été ou dans la solitude de la neige, il s'est laissé conduit par le mystère de la nuit. Chose extraordinaire, les images transmettent au spectateur des vibrations, états d'âme, dialoguent avec lui, sont vivantes, et en plus d'une manière frénètique. Elles ont droit à la vie !

La connaissance de Bucarest des deux guerres mondiales serait impossible sans les témoignages des photos laissés par Nicolae Ionescu. Un héritage à première vue tributaire à une sélection subjective, car elle nous prive des images de certaines rues, boulevards et voies à caractère historique, économique ou sentimental dans la vie de la ville. Tout de même l'impression créée par le parcours de ses photos semble ignorer les absences signalées, le spectateur souffrant du point de vue spirituel une transmutation temporelle qui le rend, à son grand délice, contemporain avec la séquence immortalisée.On peut dire que cet effet est produit par la révélation de l'essentiel. Il est ainsi, pas seulement autant. Il y a là-bas un mystère d'où provient sans arrêt le frémissement artistique. Chaque fois que nous revenons sur ces images, nous découvrons des détails qui surgissent vers la lumière de la perception avec la vigueur de quelques dauphins et nous nous demandons comment elles ont pu échapper à notre regard, car elles auraient dû être là. En vain. On n'apprendra jamais, car ceci est le mystère de l'art.

L'exhaustivité déployée ci-dessus a été remplacée par un seul fragment, mais comme il est bavard, comme il est suggestif, comment l'auteur réussit si merveilleusement de concentrer une catégorie analytique. La plupart de ces photos représentent, chacune à part, des symboles d'un aspect urbain, commercial, humain, qualité rare pour les artistes photographes du monde entier. Il est suffisant, de regarder par exemple, chaque photo prise par Nicolae Ionescu du côté du Marché Unirea, Calea Victoriei, les Quais de Dâmbovita ou de la Foire afin de constater que 10 fois cent autres photos, des mêmes endroits n'apportent rien de neuf - se ressemblent entre elles - à la différence de celles du grand photographe.

Il nous est clair la raison de la sélection faite par Nicolae Ionescu : seulement la valeur survit. Partant de ce critère, l'incursion biographique apparaît plus que nécessaire en vue d'enquêter le chemin si sinueux de sa formation artistique.

Nicolae Ionescu est né le premier jour du mois de novembre de l'année 1903 à la maternité "Philantropia". Sa mère, Rozalie Ionescu, était venue de Bucovine et s'était mariée en 1893 à Nicolae Ionescu, technicien à l'Usine de Gaz située sur le boulevard de l'Indépendance. En 1900 le décès de son mari l'a mise dans une situation très délicate : seule et sans ressources, devant acquitter le terrain acheté sur la Colline de Filaret. La chance lui a souri à moitié: elle a trouvé du travail à la Gare Filaret, mais mal rémunérée. La connaissance avec l'administrateur de la gare, bénéfique au départ, a duré que trois ans et a eu comme conséquences la naissance d'un enfant et la résignation pour le mariage.

Voici brièvement les circonstances de la naissance de Nicolae Ionescu. Dans ce contexte on ne peut pas parler d'une enfance heureuse, d'un manque de soucis. Même le chemin jusqu'à l'école était une corvée. Il a appris à l'école Enachita Vacarescu, fondée par Voda Cuza en 1864 et connue sous le nom du "Le terrain de l'Armoire, le chemin de la rue Inclinée et jusqu'à cet établissement situé sur la Voie Serban Voda étant de plus de deux kilomètres. Sous la pluie, sous la neige, il parcourait cette distance traversant le boulevard le l'Indépendance et la longue rue Le Couteau d'Argent jusqu'en face des Arènes Romaines, d'où il se dirigeait vers la chaussée des Vignes, et de là ses pas minuscules d'enfant parcourait la rue Inclinée plus de la moitié de sa longueur, jusqu'en face de la rue "Pieptanari". Selon son propre témoignage, ce trajet parcouru journellement dans les deux sens l'ont appris à regarder la ville et sa vie quotidienne. Plus tard, passant devant le cinéma "Odéon" - amenagé en 1913 dans une baraque - il a vu la publicité des films et pas une seule fois il s'est faufilé dans la salle "avec les polissons qui fourmillaient là-bas, violant l'interdiction de visioner des films pour adultes". Il a été si impressionné par "le miracle du mouvement projeté sur la toile blanche" qu'avec l'accord de l'éducateur, a improvisé un cinéma rudimentaire dans les granges de l'école. Toujours dans ce contexte de l'éducation du regard on ne peut pas dépasser quelques chances d'ordre géographique : l'école Enachita Vacarescu se trouvait dans le voisinage de la Colline de l'Institution Supérieure de l'Eglise Ortodoxe, qui pouvait lui conférer des panoramas avec le Marché Bibescu et les Halles Centrales, débordant d'exotisme et qui formaient une ville dans le centre de la Capitale, avec les étranges quartiers mal famés La Croix de Pierre et Les Affamés ; le chemin passait devant l'Usine de Gaz, contournait le parc de l'Exposition jubilaire devant la Gare Filaret et l'Usine Wolff ; traversait le quartier misérable des cheminots entre la Chaussée des Vignes et "Pieptanari", lui offrant à son tour une game typologique extrêmement variée. J'ai insisté sur cette période, car la formation esthétique, même sous la forme non controlée propre à l'enfance, a un rôle essentiel, de base et aussi celui de se référer inconsciemment, dans les années où il exprime son talent. Surtout dans la situation d'une formation d'autodidacte, ce qui est le cas de notre photographe.

Le déclenchement de la première guerre mondiale a empêché l'élève Nicolae Ionescu de continuer sur la voie normale, l'inscription au lycée. Les dégâts de l'occupation allemande-bulgare ont écarté toute source de prospérité. Il a été obligé de s'entretenir seul, en devenant apprenti à l'Imprimerie "Fortuna". La seule joie l'a constituée l'achat d'un appareil photo, autrement désastre sur toute la ligne. "L'hiver de la deuxième guerre mondiale, avec des tempêtes et neiges importantes, a représenté un vrai cauchemar. Il n'avait de bois ni à la maison, ni à l'atelier. À l'atelier nos mains étaient gelées sur la manche de la machine, et la lettre collait à la peau lorsqu'elle elle était cueillie. À la maison, ma pauvre mère avait un travail journalier et seulement quand elle trouvait quelqu'un avec de la pitié, venait avec deux ou trois morceaux de bois ; et ceux-là représentaient notre source de chaleur …. Pendant tout ce temps je lisais beaucoup. Des 30 sous que ma mère me donnait, j'avais appris à manger seulement pour 15 (5 pour des restes de charcuterie et 10 pour le pain), et avec le restant de 15 sous j'achetais de vieux numéros de la "Bibliothéque pour tous". Tel que l'on voit, l'argent gagné le donnait dans la maison, leur comptabilité revenant à sa mère.

Sans doute que ces temps difficiles ont contribué à la formation du caractère de l'homme de plus tard : abnégation, volonté, altruisme ont été les coordonnées de son caractère et de son expression, le comportement dans la société. En 1918, il est devenu typographe. Il a eu comme professeur Dimitrie Demetrian, l'un des spécialistes éminents qui s'était perfectionné en Allemagne, à Frankfurt, Dresda et Leipzig. "Il me prenait chez lui les dimanches et, avec une bienveillance de parent, me mettait à la disposition des collections complètes de revues de spécialité allemandes, françaises et surtout suisses. Ceci a constitué la base où par la suite j'ai accumulé toutes mes autres connaissances techniques". Sous le conseil du maître, il tâtonnera d'autres emplois mieux dotés du point de vue technique et mieux rémunérés. En 1921, il trouve une place auprès de "Minerva", la typographie appartenant à l'Ordre des Francs-Maçons Roumains, impliquée profondèment, à travers ses ouvriers, dans les évènements de source bolchevique du 13 décembre 1918. Étant le seul roumain de l'atelier et ne comprennant pas yiddish, l'a quitte au mois de printemps de l'année 1922. Il obtient à base d'une recommandation de Demetrian, une place auprès de la "Culture Nationale", l'a plus moderne typographie du soud-est de l'Europe, construite par Aristide Blank sur la Voie Serban Voda. Dans ce fief liberal il connaîtra, parmi d'autres personnalités, Vasile Pârvan, I.G. Duca, Eugen Lovinescu, dr. C. Angelescu, coryphées de la vie politique et culturelle roumaine, qui surveillaient personnellement l'impression des livres. Les discussions eues avec ceux-ci l'ont déterminé de s'inscrire durant l'automne de l'année 1922 au lycée "Sf. Sava", aux cours du soir, d'où il obtiendra après deux ans, le diplôme. Il se sent de plus en plus plus attiré par la photographie : "j'avais un manuel allemand de photographie et la photographie était maintenant ma plus grande passion" : Suite à des raisons faciles à comprendre, il apprend le français et l'allemand, qui les maîtrisera très bien par la suite. Nommé chef d'équipe, il a connu Simion Mehedinti, qui l'a embauché pendant l'hiver de l'année 1922-1923 auprès des "Discussions Littéraires", en vue de donner un nouvel aspect à la revue. Il parrait que ces idées n'ont pas abouti, car il est revenu à la "Culture Nationale" dans moins de trois mois.

Au printemps de l'année 1925 il est parti faire son service militaire. Içi il aura l'occasion d'éxercer le métier de photographe. "À partir du mois de mai 1925 et jusqu'en automne, j'ai travaillé uniquement des photos militaires avec un appareil personnel, le premier appareil de grande classe que j'avais réussi à m'acheter. Au retour à Bucarest, j'ai commencé de faire à la maison des essais afin d'obtenir des photos en couleurs par voie mécanique. Mes essais ont donné quelques résultats, mais revenaient trop cher".

D'autre part, une idée lui trottait par la cervelle : "Commençant par l'année 1927, chaque été j'ai vadrouillé dans le pays pour photographier méthodiquement les plus représentatifs coins, ramassant des clichés en vue d'organiser un musée de photos". Le musée de photos : une idée qui était originale et à la fois sans aucune chance. Comme toujours et partout pour réaliser quelque chose, surtout quelque chose de généreux, on a besoin de l'argent. Mais, juste l'argent manquait à Nicolae Ionescu. Le projet ne pouvait pas être réalisé sur le champ, tel qu'il aurait souhaité. Il n'aurait pas respecté ni la première condition exigée par un musée : la qualité. Tel que l'on constate, c'était un projet issu de l'enthousiasme de la jeunesse. Mais l'artiste n'a pas rennoncé à celui-ci; à travers le temps il a compris ce qui était utopique, mais aussi ce qui était réalisable pour son projet - c'est-à-dire patience, perfectionnement, éducation esthétique, sélection.

Avec le perfectionnement de la technique de la photographie, il sent que pour accéder à l'art photographique, il serait bien de reprendre très sérieusement l'étude du septième art : "les progrès importants réalisés dans la photographie m'ont déterminé de m'occuper également du cinéma". Nous supposons qu'il a réalisé quelques films, existants problablement aussi aujourd'hui, dans l'Archive Nationale des Films, avec la mention "auteur inconnu". Au moins un documentaire sur Bucarest, déroulé sur les petits écrans, porte - selon notre opinion - l'emblème de Nicolae Ionescu.

Cette année, 1928, dédiée aux grandes passions, il fait le grand pas : il se marie. Son chemin s'entrecroise avec celui d'une voisine, Constanta, la fille d'un propriétaire cheminot. Elle sera son épouse et sa nature gaie lui ensoleillera les nombreux moments difficiles, tels ceux de la période communiste.

"De la dotte de ma femme, je me suis acheté des appareils perfectionnés, j'ai mis en place un laboratoire avec électricité et autres facilités". Les expériences vont le conduire vers le traditionnel voyage d'études à l'étranger. Il était convaincu qu'il en a encore beaucoup à apprendre ...... Triste déception: "j'ai travaillé une période de temps - environ deux mois - à Lyon, aux Usines Lumières, mais je me suis rendu compte que je perds mon temps et je suis allé à Paris. Içi, à travers un compatriote j'ai été présenté à Pathé Nathan. Embauché comme assistant opérateur, on m'a demandé au départ des petits boulots en attendant par la suite, quelque chose plus important. Après quatre mois, en m'appercevant de l'acalmie qui régnait dans le studio, j'ai décidé de rentrer dans le pays et de me consacrer au musée, dont sa réalisation me préoccupait de plus en plus".

Il a été embauché à nouveau par la "La Culture Nationale", pas avant de lui être accepté la condition d'être libre en été pendant deux mois, afin de se dédier à la photographie". Mais l'existence s'était compliquée énormément. "J'ai été le seul réviseur et la plupart du temps j'étais obligé à travailler dans deux équipes. D'autre part, j'avais besoin du matériel photo et je devais faire des photos pour les librairies de la ville, c'est pourquoi beaucoup de fois je me couchais vers 3-4 heures du matin, et à 7 heures j'étais à mon travail!". Outre cela, l'argent gagné avec tant de sacrifices était réinvesti dans le matériel photo, "en vue d'accélerer la réalisation du musée".

Cinq décennies plus tard, Madame Constanta Ionescu remémorisait pour nous, avec le sourire aux lèvres, ces années d'héroïsme quand l'existence de son mari était devenue presque imperceptible pour elle. Il y avait encore ces deux mois de congé, bien que les surprises non désirées n'aient pas manqué à la femme qui prétendait un peu plus d'attention. L'obsession du musée était devenue une idée fixe. Mais également la sagesse avait évolué aussi. Avant que le musée se concrètise, en 1937, Nicolae Ionescu a mis les bases d'une collection - L'encyclopédie de la Photographie Roumaine. Cette collection de propagande concernant les beautés roumaines, bien réfléchie, certainement, à l'égard des thèmes, avait aussi un autre but, celui de tester le goût du public. Et non seulement cela. Son nom devait prendre de la notoriété, pour que le musée ait beaucoup de visitateurs. Voilà que le bruit de l'artiste découvre la clé miraculeuse de la consacration, de celle administrative, certainement. Il vivait à Bucarest, et non pas à Paris. Au printemps de l'année 1934, Eugen Lovinescu, un des quatre roumains nommés le 23 janvier 1937 dans le Conseil d'administration de la Société "La Vérité", a proposé à son vieil ami de la "Culture Nationale" - auteur apprécié par les libraires - la fonction de directeur technique. La société arrachée aux griffes de la famille Pauker, appartenait maintenant à Emanoil Tatarescu, le frère du Président du Conseil, donc sa politique allait être libérale et nationale. Nicolae Ionescu était l'homme le plus adéquat pour administrer dans ce sens ; connaissait plus que d'autres les souffrances et les aspirations de la nation à laquelle il appartenait. Tel que disait Madame Ionescu, son mari "a anéanti toutes les actions de sabotage organisées par les nombreux travailleurs communistes, hérités de l'adminstration précédente, mise à la disposition de la famille Pauker". Il faisait son devoir, car c'est ainsi que sa consciensce lui dictait, mais il ne faut pas non plus négliger l'intérêt personnel.

Les espoirs de prospérité ont été vite matérialisés. Pendant l'été 1938, il s'est construit une maison "sur le terrain de sa mère". Il percevait un salaire mensuel de 11.000 (un oeuf vallait 1 leu). Il restera dans cette fonction jusqu'au mois de novembre 1940, quand il a été rétrogradé par les "légionnaires rouges" de Horia Sima. La raison ? Un mensonge grossier : "Car tu as collaboré avec les juifs, tu ne peux plus occuper la fonction d'administrateur et tu t'occupera que du "Tiefdruck". Il n'avait pas collaboré, il n'avait été que correcte, mais avec ces individus on ne pouvait pas discuter. Une personne qui avait cultivé les cercles de Tatarescu, comme Nicolae Ionescu, ne pouvait pas se débarasser de leur vigilence.

En avril 1945 il a fondé les Éditions "l'Encyclopédie de la Photographie Roumaine", qui a publié 67 titres. Il rêvait encore réaliser le musée de la photographie, de l'argent obtenu de la vente des livres. Mais, en 1947, il constate suite à des raisons occultes "le travail dans la maison d'édition a ralenti". Ce n'était pas un naïf : "J'avais compris un peu tard ce que j'aurais dû comprendre plus tôt et j'ai commencé à liquider les Éditions". Le pouvoir communiste venait d'être instauré….

Confronté à une réalité imposée de l'extérieur par le char et la mitrailleuse, Nicolae Ionescu reconnaissait être vaincu. L'édifice du musée porté dans sa mémoire, pour lequel il s'était sacrifié les plus belles années de sa vie, s'éffondrait aussi. Il devenait un prolètaire qui vit du jour au lendemain. Il y a eu également quelques éclats d'espoir. Le premier, en février 1948, lorsqu'il - se rappelait lui-même - "j'ai été embauché à nouveau par "Dacia Traiana" (auparavant la Vérité) en qualité d'administrateur et technicien de la revue "La Réalité" et après de la revue "Le stade". Le deuxième, à la fin de l'année 1948, lorsqu'il a été nommé professeur à "l'École technique d'art graphiques" située dans la rue Anton Pann. Dans les deux cas, il est devenu la victime des menteurs qui établissaient les dossiers politiques. Comme tant et tant de roumains, il était accusé d'être "fasciste" et "gros mangeur de juifs". Il a fait connaissance aves les représentants cruels de Pantiusa qui l'enquêtaient sans répit, dans la villa qui se trouvait sur la Voie Plevnei au coin de la rue Constantin Noica, entrée dans l'histoire sous le nom de Malmaison bien qu'elle ne doive pas être confondue avec l'ancienne caserne. À la maison : perquisitions, confiscations, destructions de biens matériels. Il était roumain, chrétien, intellectuel, à vrai dire, tout ce qui pouvait être de plus grave dans les années 50. On ne l'appelait plus sous son prénom, mais "bandit de Tatarascu". D'autant plus, dans l'intervalle des enquêtes, on lui demandait de travailler des photos pour "l'Actualité en images", photos qui représentaient la gloire de la construction du socialisme. C'était une modalité de l'humilier, de l'éduquer dans l'esprit nouveau. Il a été plusieurs fois à un pas de la condamnation. Il a été moins sauvé par "l'origine ouvrière", d'autres ayant une origine semblable, étaient aussi condamnés par des dizaines de milliers - que par l'amitié avec certains juifs qui étaient restés de braves gens. Il travaillera pour d'autres maisons d'éditions et aussi pour la revue "Flacara"(La flamme), et entre les années 1956-1962 en tant que photographe auprès de l'Institut d'Histoire de l'Art, embauché par le professeur George Oprescu, le grand ami de Vasile Pârvan et d'Eugen Lovinescu.

Après la retraite, Nicolae Ionescu s'occupera de transférer une partie du matériel photographique, au Cabinet d'Estampes de la Bibliothèque de l'Académie Roumaine. À travers le temps il est devenu inséparable de cet endroit. Il venait régulièrement et toujours chargé de merveilles qui, selon le critique d'art Remus Niculescu, lui assuraient "une place dans la succession du grand Szatmari". Un beau jour, en 1974, sa présence agréable et la besace pleine de surprises ont disparu. **Elles ont disparu pour que l'artiste puisse renaître.**

Dealul Patriarhiei. Poarta de intrare spre Catedrală. In faţă, statuia "Lupa Capitolina" dăruită de oraşul Roma în anul 1906.
The hill of the Patriarchal Cathedral. The entrance gate. In front the statue "Lupa Capitolina", bestowed by the city of Rome in 1906.
La colline Métropolitaine. La porte d'entrée vers la Cathédrale. Devant, la statue "Lupa Capitolina" offerte par la ville de Rome en 1906.

Lipscani, 1929. Zona vechilor marchitani.
Lipscani Street, 1929. The area of the traditional small wares street vendors.
Lipscani, 1929. La zone des anciens colporteurs.

Banca Naţională, 1924. În colţ monumentul "Eugeniu Carada".
The National Bank, 1924. At the corner the "Eugeniu Carada" monument.
La Banque Nationale, 1924. Au coin le monument "Eugeniu Carada".

Calea Victoriei. Celebrul pitic Samson pe bicicletă, 1925. În dreptul Sălii "Majestic".
The famous dwarf Samson riding his bicycle. In front of the "Majestic" Theatre.
Calea Victoriei, le Nain Samson à bicyclette, 1925. Devant la Salle "Majestic".

Restaurantul Flora de la Şosea, 1927.
The Flora Restaurant from the Şosea (Avenue), 1927.
Le restaurant Flora qui se trouve à la Chaussée, 1927.

Se aprind felinarele, 1927.
The street-lamps are being lit, 1927
Des réverbères allumées, 1927.

34

Stradă în spatele căii Văcăreşti, 1929.
Street behind Văcăreşti street, 1929.
Rue derrière la voie Văcăreşti, 1929.

Nou şi vechi, 1928.
New and old, 1928
Du neuf et de l'ancien, 1928.

Duminica, pe Calea Victoriei, 1923. Vedere de la Hotelul "Louvru".
Sunday, along Calea Victoriei, 1923. View from "Louvre" Hotel.
Dimanche, dans la rue Calea Victoriei, 1923, Vue de l'Hôtel "Louvru".

Ulicioară spre strada Puţul cu apă rece, 1922. Cunoscuta "Scăriţă" lega străzile Uranus şi Izvor.
A lane towards "Puţul cu apă rece" (The Fountain with Cold Water) Street, 1922. The well-known small "Stairway" connected the Uranus and Izvor streets.
Ruelle vers la rue Le puits à l'eau froide, 1922. La célèbre "La petite échelle" liait les rues Uranus et Izvor.

Castelul "Vlad Ţepeş", 1928. În realitate era castelul de apă folosit la Expoziţia Jubiliară din 1906. În Parcul "Carol".

The "Vlad Ţepeş" Castle, 1928. It was actually the water tower, used at the Jubilean Exhibition of 1906. In the "Carol" Park

Le Château de "Vlad Ţepeş", 1928. En réalité il s'agissait du château d'eau utilisé pour l'Exposition Jubilaire de 1906. Dans le Parc "Carol".

Vânzătorul de limonadă odinindu-se în grădina Cişmigiu, 1928.
Lemonade vendor taking a rest in the Cişmigiu Gardens, 1928.
Le vendeur de limonade se reposant dans le parc Cişmigiu, 1928.

Intrarea la şcoala de dans din strada Nerva Traian.
The entrance at the dancery from the Nerva Traian street.
L'entrée dans l'école de danse de la rue Nerva Traian.

Scăricica spre ulicioara Puţul cu apă rece, 1930.
A lane towards "Puţul cu apă rece" (The Fountain with Cold Water) Street, 1930.
La petite échelle vers la ruelle "Puţul cu apă rece" (Le puits à l'eau froide),1930,

Moţ prin Bucureşti, 1928.
A peasant from the Apuseni Mountains, wandering through Bucharest, 1928.
Paysan roumain de la région des Monts , à travers Bucarest, 1928.

Bariera de la Colentina, 1932.
The railway-crossing barrier from Colentina district, 1932.
La barrière de Colentina, 1932.

44

Trenul pentru Maglavit (unde locuia un "făcător de minuni"), 1938.
The train heading for Maglavit (where a "miracle-worker lived), 1938.
Le train pour Maglavit (où habitait un homme qui fait des miracles, 1938.

Înspre "Gropile Floreasca", 1927.
Heading for the "Floreasca Pits" area, 1927.
Les fossés de Floreasca, 1927.

La Carol Bünger, pe Calea Victoriei, era cel mai mare termometru din oraş, 1929.
At Carol Bünger's, on Calea Victoriei, could be seen the biggest thermometer throughout the city, 1929
Chez Charles Bunger, dans la rue Calea Victoriei, c'était le plus grand thermo-mètre de la ville, 1929.

Bazarul din Calea Griviței, 1927.
The bazaar from Calea Griviței, 1927.
Le bazar de Calea Grivitei, 1927.

Călușari din Argeș, 1930. În Parcul "Carol".
Traditional "Călușari" folk dancers from Argeș county, 1930. In the "Carol" Park.
Danse populaire roumaine de la région d'Arges, 1930. Dans le Parc "Carol".

Servitoare, 1928.
A female servant, 1928.
Domestique, 1928.

Într-un local din cartierul Crucea de Piatră, 1927.
In an "establishment" from the "Crucea de Piatră" (The Stone Cross) area.
Dans un local public du quartier La Croix de Pierre, 1927.

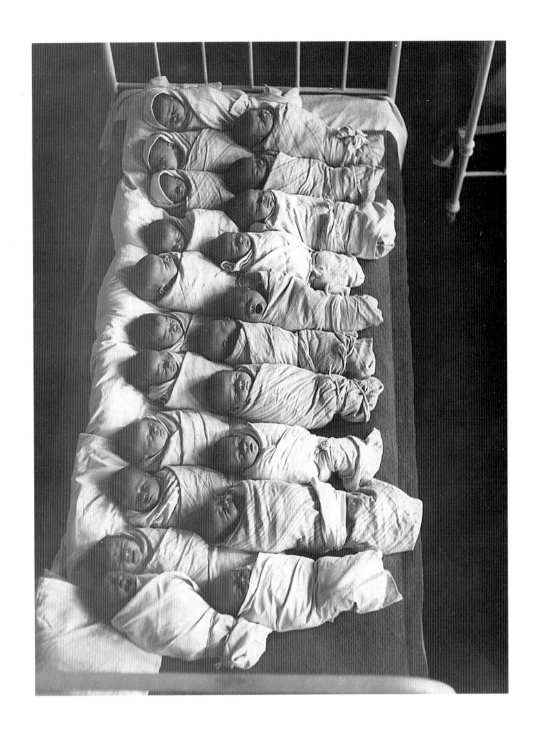

La azilul de copii găsiţi, 1928.
At the home for foundlings, 1928.
L'asile des enfants trouvés, 1928.

Muscal iarna, 1928.
Traditional coach-driver "muscal" in winter, 1928.
"Muscal" pendant l'hiver, 1928.

Ţigancă, 1934.
Gipsy woman, 1934.
Gitane, 1934.

Ţigan, 1931.
Gipsy man, 1931.
Gitan, 1931.

La Moşi, 1925. Exerciţii de acrobaţie.
At the "Moşi" traditional fair, 1925. "Acrobatics".
Aux Foires, 1925. Exercices d'accrobatie.

La Moşi, 1932. "Tragerea la semn".
At the "Moşi" traditional fair, 1932. "Target Shooting".
Aux Foires, 1932 "Tirer à la cible".

La Moşi, 1929. Defilarea artiştilor de circ.
At the traditional "Moşi" Fair, 1929. The grand parade of the circus acrobats.
La Foire, 1929. Le défilé des artistes de cirque.

Circ la Moşi, 1925
Circus at the traditional "Moşi" Fair, 1925.
Cirque à la Foire, 1925.

Ursar în Vitan, 1929.
"Bear leader" in the Vitan district, 1929.
Montreur des ours dressés dans le quartier Vitan, 1929.

La Moşi, 1925. Tineri însurăţei în "dulap".
At the "Moşi" traditional fair, 1925. Newlyweds in the "Wardrobe".
Aux Foires, 1925. Jeunes mariés dans "l'armoire".

La Moşi, 1932
At the traditional "Moşi" Fair, 1932.
La Foire, 1932.

62

La Moşi, 1925.
At the traditional "Moşi" fair, 1925.
Aux Foires, 1925.

Azilul de noapte, 1929.
Night shelter for the homeless, 1929.
L'asile de nuit, 1929.

Florăreasă pe bulevardul Brătianu, 1935.
Flower vendor on Brătianu Boulevard, 1935.
Fleuriste sur le boulevard Bratianu, 1935.

Ţărani intrând în Bucureşti cu sania, 1929.
Peasants entering Bucharest on sledge, 1929.
Paysans sur des luges entrant dans Bucarest, 1929.

Drumeți la o țuică, în hanul "Gura Lupului", 1927.
Wayfarers over a glass of plum-brandy at the "Gura Lupului" Inn, 1927.
Des passants buvant de la liqueur de prune, dans l'auberge "La gueule du Loup",

Paparude, 1935.
"Rain-makers", 1935.
Jeunes bohémiennes spécialement accoutrés invoquant la pluie, 1935.

Schimb în natură la Taica Lazăr, 1928.
Bartering at the "Taica Lazăr" (Dad Lazarus flea market), 1928.
Échange en nature (troc) chez Taica Lazar, 1928.

69

La marginea pieţei, vânzătorul de cârnaţi, 1929.
On the edge of the market, a sausages vendor, 1929.
Au bord du marché, le vendeur de charcuterie, 1929.

70

Într-o mahala din Bucureşti, aşteptând colindătorii de Crăciun, 1932.
In a Bucharest suburb, looking forward to the Christmas caroll singers , 1932.
Dans un quartier de Bucarest, en attendant les fêtes de Noël, 1932.

Pe strada Carol, 1928. Între Piaţa Mare şi Podul Şerban-Vodă.
Along Carol Street, 1928. Between the Big Market Place and the Şerban Vodă Bridge.
Dans la rue "Carol", 1928. Entre le Grand Marché et le Pont Serban-Voda.

Copii cu colindul, 1929.
Carolling Children, 1929.
Les chanteurs de noëls, 1929.

Trâmbiţaşii anunţă începutul serbărilor Tinerimii Române la Arenele Romane, 1930.
Trumpeters announce the beginning of the festivities of "Tinerimea Română" at
the Roman Arenas, 1930.
Les trompettes annoncent le commencement des fêtes de la Jeunesse Roumaine
dans les Arènes Romanes, 1930.

Olteni plecând din piaţă, 1930. Este probabil o secvenţă din protestul lor cauzat de interzicerea comerţului ambulant.
Traditional Oltenian greengrocery street vendors, 1930. Probably protestting against the prohibition of peddling.
Des paysans de la région d'Olténie partant du marché, 1930.

Proprietarul hanului "Gura Lupului" din Dudeşti, 1927.
The owner of the "Gura Lupului" (The Wolf's Muzzle) inn from Dudeşti street.
Le propriétaire de l'auberge "La gueule du Loup" de Dudesti, 1927.

Cârnăţăria de la ieşirea din Piaţa Bibescu Vodă, 1929.
The sausage shop by the exit from Bibescu Vodă Square, 1929.
La charcuterie à la sortie du Marché Bibescu Voda, 1929.

Primul stop electric introdus în oraş, la intersecţia bulevardului Elisabeta cu Calea Victoriei, 1929.
The first electric traffic lights introduced into the city, at the crossing of Elisabeta Boulevard with Calea Victoriei, 1929.
Le premier feu électrique introduit dans la ville, au carrefour du boulevard Elisabeta avec la rue Calea Victoriei, 1929.

Iarna pe Calea Victoriei, 1928. Între "Capşa" şi hotelul "Louvru".
Calea Victoriei in winter, 1928. Between "Capşa" restaurant and "Louvre" hotel.
L'hiver dans la rue Calea Victoriei, 1928. Entre "Capşa et l'Hotel "Louvru".

Dâmboviţa în faţa Halelor Centrale, 1926.
The Dâmboviţa river, in front of the Central Market Halls, 1926.
La rivière de Dâmbovita devant les Halles Centrales, 1926.

În Parcul Carol, 1927.
In the Carol Park, 1927.
Dans le Parc "Carol", 1927.

Restaurantul debarcaderului din Cişmigiu, 1935.
The restaurant by the landing stage from the Cişmigiu Gardens, 1935.
Le restaurant du débarcadère de Cişmigiu, 1935.

De Bobotează, crucea este aruncată în râul Dâmboviţa de către principele
Nicolae, 1930.
Epiphany. The crucifix is thrown into the Dâmboviţa river, by prince Nicolae.
Le jour de l'Épiphanie, la croix est jettée dans la rivière de Dâmbovita par le
Prince Nicolas, 1930.

Bulevardul Brătianu, blocul Carlton (căzut la cutremurul din 1940) în dreapta, 1935.
Brătianu Boulevard, the "Carlton" apartment building on the right, 1935.
Le boulevard Bratianu, l'immeuble Carlton à droite, 1935.

Piaţa Teatrului Naţional, 1930. Blocul "Socomet".
The Square of the National Theatre, 1930. The "Socomet" apartment building.
La Place du Théâtre National, 1930. L'immeuble "Socomet".

Vedere generală în Piaţa Mare, 1926.
Overall view of the Big Market Place, 1926.
Vue générale sur la Grande Place, 1926.

Strada Regală, 1935. Blocul "Dragomir Niculescu" şi Hotelul "Continental".
The Regală street, 1935. The "D. Niculescu" building and "Continental Hotel".
La rue Regală, 1935. L'immeuble "Dragomir Niculescu" et l'Hôtel "Continental".

Piaţa Cercului Militar, 1930. Luneta din imagine a fost folosită şi după război.
The Square of the Military Circle, 1930. The telescope, from the picture, was still in use after World War II.
La Place du Cercle Militaire, 1930. La lunette de cette l'image a été utilisée aussi après la guerre.

Portalul Teatrului Naţional, 1928.
The portal of the National Theatre, 1928.
Le portail du Théâtre National, 1928.

Podul şi Aşezămintele Brâncoveneşti, 1924.
The Brancovan bridge and foundation, 1924.
Le Pont et les Établissements de Brâncoveanu, 1924.

Hipodromul Băneasa, 1927. Constanţa Ionescu prima dinspre gard.
The Băneasa Racetrack, 1927. Constanţa Ionescu, the first one from the fence.
L'Hypodrome de Baneasa. Constanta Ionescu la première du côté de la clôture.

Imobilul din colţul strǎzii Lipscani. Se vede Piaţa Sf.Gheorghe, 1923.
The building at the corner of Lipscani Street. The "Sf. Gheorghe" Square, 1923.
L'immeuble du coin de la rue Lipscani. On voit le Marché Sf. Gheorghe, 1923.

Calea Victoriei, 1930. În dreptul Sălii "Savoy".
Calea Victoriei, 1930. In front of the "Savoy" Theatre.
La rue "Calea Victoriei", 1930. Devant la Salle "Savoy".

Pe Calea Victoriei, 1935. Vedere spre Palatul Telefoanelor.
Calea Victoriei, 1935. View opening on the Telephone Palace.
Dans la rue "Calea Victoriei", 1935. Vue vers le Palais de la Téléphonie.

Bursa din Bucureşti, 1928.
The Stock Exchange of Bucharest, 1928.
La Bourse de Bucarest, 1928.

BIBLIOGRAFIE

Bădescu Emanuel - **"Fotografii Bucureştilor"**,
Magazin Istoric, numărul special editat cu ocazia "Lunii Bucureştilor", 9 mai – 9 iunie 1999.

Bădescu Emanuel - **"Un fotograf al Bucureştilor"**,
Magazin Istoric, nr.9 (378) septembrie 1998.

Niculescu Remus - **"Nicolae Ionescu 1903-1974"**,
SCIA, tom 22, Bucureşti, 1975.

Nicolae Ionescu - **"Autobiografia"**, 1956,
pusă la dispoziţia noastră de Constanţa Ionescu în 1990.

Procedeu Direct-To-Plate cu platesetter basys Print UV-710S
SC ZOOM-SOFT SRL
tel/fax 021-410.06.75 e-mail: office@zoomsoft.ro

Tipărit la CNI CORESI SA Bucureşti
tel. 021-222.84.96, fax 021-222.90.60